AF609519

SOIXANTE-QUINZE CENTIMES

MONSIEUR
LE
COMTE DE CHAMBORD

D'APRÈS SA CORRESPONDANCE

ÉTUDE

SUIVIE DES PORTRAITS

DE MADAME LA COMTESSE DE CHAMBORD

ET DE

MADAME LA DUCHESSE DE PARME

PAR

M. Georges DE CADOUDAL

Conseiller-général du Morbihan.

SECONDE ÉDITION

LE COMTE DE CHAMBORD
SOUVENIRS D'ANVERS
LA COMTESSE DE CHAMBORD
LA DUCHESSE DE PARME

PARIS

C. DILLET, LIBRAIRE-ÉDITEUR

15, RUE DE SÈVRES, 15

1872

MONSIEUR

LE

COMTE DE CHAMBORD

DU MÊME AUTEUR :

LES SIGNES DU TEMPS. Critiques littéraires et morales. 1 vol. in-18 jésus . . . . 2 »

ESQUISSES MORALES ET LITTÉRAIRES 1 vol. in-18 jésus 1 50

MADAME ACARIE. Étude sur la société religieuse aux XVIe et XVIIe siècles. 1 vol. in-18 raisin de 232 pages. » 70

LES SERVITEURS DES HOMMES. 1 vol. in-18 jésus.

POUR PARAITRE PROCHAINEMENT :

VIE DE S. A. R. MADAME LA DUCHESSE DE BERRY, mère de Henri V. 1 vol. in-18 jésus.

M. ALFRED NETTEMENT. Sa vie et ses œuvres. 1 vol. in-8.

LA LITTÉRATURE SOUS LE SECOND EMPIRE. 2 forts vol. in-18 jésus.

Ce travail renfermera le tableau du mouvement intellectuel de 1852 à 1870 au point de vue de la critique, de la poésie, du roman, du théâtre, de l'histoire, etc.

ABBEVILLE. — IMPRIMERIE BRIEZ, C. PAILLART ET RETAUX.

MONSIEUR

LE

COMTE DE CHAMBORD

D'APRÈS SA CORRESPONDANCE

ÉTUDE

SUIVIE DES PORTRAITS

DE MADAME LA COMTESSE DE CHAMBORD

ET DE

MADAME LA DUCHESSE DE PARME

PAR

M. Georges DE CADOUDAL

Conseiller-général du Morbihan.

SECONDE ÉDITION

LE COMTE DE CHAMBORD
SOUVENIRS D'ANVERS
LA COMTESSE DE CHAMBORD
LA DUCHESSE DE PARME

PARIS

C. DILLET, LIBRAIRE-ÉDITEUR

15, RUE DE SÈVRES, 15

1872

MONSIEUR LE COMTE DE CHAMBORD

D'APRÈS SA CORRESPONDANCE.

I

L'Europe a les regards fixés sur un homme : Monsieur le comte de Chambord.

Au milieu de l'écroulement de toutes choses, de toutes les traditions, de toutes les doctrines, de tous les principes qui sont la force et la vie des sociétés, il est seul resté debout, comme une statue au milieu des ruines. Aussi dans ces temps d'irrévérence universelle, seul, peut-être, a-t-il su forcer l'admiration et imposer le respect.

Et ce n'est point en se dérobant aux regards des hommes, en enveloppant de mystères et sa per—

MONSIEUR

LE COMTE DE CHAMBORD

D'APRÈS SA CORRESPONDANCE.

I

L'Europe a les regards fixés sur un homme : Monsieur le comte de Chambord.

Au milieu de l'écroulement de toutes choses, de toutes les traditions, de toutes les doctrines, de tous les principes qui sont la force et la vie des sociétés, il est seul resté debout, comme une statue au milieu des ruines. Aussi dans ces temps d'irrévérence universelle, seul, peut-être, a-t-il su forcer l'admiration et imposer le respect.

Et ce n'est point en se dérobant aux regards des hommes, en enveloppant de mystères et sa per—

sonne et sa pensée qu'il a obtenu un pareil résultat. Sa vie s'est révélée à tous. Il a été facile à tous de l'aborder, de le voir, de lui parler, de connaître à fond ses idées et sa conduite politique. La France de toutes les régions, de toutes les classes, de tous les partis, a été reçue par lui à Froshdorf, à Londres, à Wiesbaden, à Francfort, à Cologne, à Genève, à Bruges, et hier encore à Anvers. La publicité de ses manifestes a été universelle. Voici enfin, rassemblée en un volume, toute sa correspondance politique de 1841 à 1871, curieux recueil où tous les événements d'importance qui se sont succédé depuis trente ans sont jugés et appréciés, non point, grand Dieu ! avec la plume d'un publiciste ou l'esprit d'un diplomate, mais avec une âme vraiment souveraine et royale(1).

Écrites sans souci du public et de la publicité, suivant le cours des événements, enregistrées à leur date, abordant les sujets les plus variés, religion, politique, économie sociale, histoire, guerre, ces lettres sont remarquables par leur unité. Elles s'enchaînent comme toutes les parties d'un traité

1. Etude politique. Monsieur le comte de Chambord. *Correspondance* de 1841 à 1871. Nouvelle édition augmentée. Genève, 1871.

dogmatique. Impossible d'y noter une contradiction ou une dissonance. On les dirait pensées à la même heure et écrites sous la même impression. C'est qu'elles ne font que peindre, dans sa franchise et sa netteté incomparables, l'âme la plus loyale, la plus pure, la plus convaincue et la mieux fortifiée contre tous les sophismes.

D'autres ont voulu subir la même épreuve, et nous connaissons un volume où un césar, aujourd'hui découronné, a livré au public, sans la moindre vergogne, la suite de ses proclamations, lettres et discours. Tout s'y trouve : vérités et mensonges, serments et parjures, solennelles promesses et violations éhontées des engagements les plus saints, sourires à la Papauté et caresses à la Révolution. C'est le comble du cynisme, et, pour oser une telle publication, il faut professer un bien grand mépris de soi-même et du lecteur français.

Tout au contraire, le respect de sa propre pensée, celui de la France, la sincérité et la droiture, le sentiment du devoir et de l'honneur, éclatent à chaque page de la correspondance de Monsieur le comte de Chambord.

Cette correspondance est précédée d'une étude politique datée de 1859 et qui semble écrite d'hier, tant elle est actuelle, vivante et souvent prophétique. Due à une plume de premier ordre, mais qui a voulu rester anonyme, cette étude offre, dans sa simplicité et sa vérité augustes, le portrait en pied du petit-fils de nos rois. Au milieu de toutes les peintures analogues, elle se distingue par des touches vigoureuses et lumineuses auxquelles on ne saurait guère ajouter.

Je voudrais cependant approcher à mon tour de cette royale figure dont il est difficile à qui tient une plume de ne pas chercher à reproduire les traits, quand une fois on a eu l'honneur de les contempler. Sans renoncer à me servir de ce qui a été dit ou écrit, mon désir serait surtout de retracer, dans les pages qui vont suivre, ce que j'ai vu personnellement, de recueillir et de rassembler mes propres impressions.

II

Physiquement, les photographies de Monsieur le comte de Chambord ne donnent qu'une idée incomplète de sa personne. Elles rendent les contours de sa physionomie ; elles n'expriment ni la majesté de ses traits, ni l'éclair de ses yeux, ni le charme incomparable de son visage. Ce qui frappe en lui, c'est moins l'éclat lumineux et pur d'un front fait pour le diadème, d'un regard perçant et puissamment interrogateur que l'extrême sympathie de son sourire et d'une voix qui vous remue jusqu'au fond des entrailles.

Sa bonté rayonne : on sent battre dans la poitrine de Henri V le cœur souverainement paternel de la vieille royauté française. Il a ce don précieux (qui ne lui a pas été accordé en vain) d'attirer à lui par la seule expression de cordialité, de sincérité et de loyale bienveillance répandue sur son visage, dans son accent, dans tous ses gestes. Le voir, l'entretenir quelques instants, c'est lui être acquis à la vie et à la mort.

Avec la bonté, ce qu'on remarque au premier aspect chez Henri de France, c'est la simplicité et la droiture. A sa vue, on se souvient involontairement de cette parole du texte sacré: *Erat ille vir simplex et rectus et timens Dominum et recedens à malo* Évidemment tout ce qui est faux, bas, rampant, louche, tortueux, ou seulement *trop habile*, n'a aucune chance de réussir auprès de lui. « Il regarde si droit et si fixe que je considère comme une chose impossible de lui mentir en face », écrivait en 1849 le républicain Charles Didier.

Ai-je besoin de dire que cette grâce accueillante et souriante, il l'a pour tous, et qu'il ne fait aucune « distinction de rang, de classe, de condition, ni même d'opinion » entre ceux qui lui sont présentés? J'en appelle au souvenir de ces nobles paysans de l'Ouest, de ces braves ouvriers du Nord ou du Midi, qui ont plus d'une fois franchi la frontière pour offrir leurs hommages ou exposer leurs besoins au descendant de nos rois. Qu'ils disent si l'accueil qu'ils ont reçu n'a pas été le même que celui qui est fait par le Prince aux plus grands seigneurs ?

Le lys ne méprise personne,
Lui qui pourrait tout mépriser.

Il sait qu'il se doit à tous, et plus encore peut-être aux chaumières qu'aux palais. Je ne crains pas d'ajouter avec l'auteur de l'étude politique que j'ai sous les yeux, que si Henri V devait être le roi d'une classe, il serait plutôt, comme saint Louis et

Henri IV, le roi du « pauvre peuple ». Cela ressort à chaque instant de la lecture de ses lettres. Les plus constantes préoccupations de son esprit, les plus chères aspirations de son cœur, l'ont porté vers l'étude et la solution des problèmes qui intéressent les classes ouvrières et rurales. Il se préoccupe surtout du sort des faibles et des petits. « Quels que soient les desseins de la Providence sur moi, écrit-il, je n'oublierai jamais que le grand roi Henri IV, mon aïeul, a laissé à tous ses descendants l'exemple et le devoir d'aimer le peuple. C'est là un héritage qui ne peut m'être enlevé... »

On pourrait extraire de la correspondance du comte de Chambord tout un plan d'organisation des classes industrielles. Dans une lettre, datée du 20 avril 1865, après avoir indiqué, avec une rare sûreté de coup d'œil, les causes du mal dont se plaignent avec juste raison les ouvriers livrés, sans appui, depuis 1789 à un fatal individualisme et à une concurrence effrénée, il proclame la légitimité et la nécessité des associations volontaires, des corporations libres ; il reconnaît en elles « des intérêts collectifs sérieux qui auront naturellement le droit d'être représentés et entendus. » — « En présence des difficultés actuelles, ajoute-t-il, ne semble-t-il pas que, fidèle à toutes les traditions de son glorieux passé, la royauté vraiment chrétienne et vraiment française doive faire aujourd'hui pour l'émancipation et la prospérité morale et matérielle des classes ouvrières ce qu'elle a fait en d'autres temps pour l'affranchissement des communes ? N'est-ce pas à elle qu'il appartient d'appeler le peuple du travail à jouir de la liberté et de la paix, sous la garantie nécessaire de l'autorité, sous la tutelle spontanée du dévouement et sous les auspices de la charité chrétienne? »

Hélas ! en assistant à la discussion passionnée, mais si confuse, si décousue et parfois si faiblement éclairée à laquelle l'*Internationale* a donné lieu au sein de l'Assemblée, je me souvenais de ces paroles royales et je déplorais l'aveuglement et les préjugés qui empêchent de puiser à leur vraie source les remèdes à tant de maux ! Qui ne comprend qu'un pouvoir tirant toute sa force de la tradition nationale, dont l'origine indiscutée se perd dans la nuit des vieux âges, qui ne dépend de personne parce qu'il est au-dessus de tous, peut seul résoudre ces formidables problèmes et faire cesser un fatal antagonisme en tenant égale la balance entre tous les intérêts sociaux ?

III

Monsieur le comte de Chambord, on a pu le voir, est animé au plus haut degré de l'esprit de sa race, de cette incomparable Maison de France dont l'action, dix fois séculaire, a été si féconde et si douce aux pauvres gens. Il est bien le fils des rois très-chrétiens. On dirait qu'il vit en perpétuelle communication avec l'âme des saint Louis, des Louis XII et des Henri IV. Mais parmi ses grands ancêtres, il en est un qui semble avoir fait plus particulièrement l'objet de ses études et de ses plus chères méditations, dont le souvenir lui est toujours présent et inspire tous ses écrits, — je veux dire le royal élève de Fénelon, ce tant regretté et pleuré duc de Bourgogne, dont la vie, brisée en sa fleur, promettait de si beaux jours à la France.

On sait quelles espérances saluèrent sa jeunesse et quels cris de douleur sa fin prématurée arracha à toutes les grandes âmes de ce temps, à Saint-

Simon, à Fénelon, à la marquise de Lambert, à l'abbé Fleury, aux ducs de Chevreuse et de Beauvilliers, à tous ceux qui avaient pu pénétrer dans la pensée et l'intimité du jeune prince. Ils comprirent d'instinct que cette perte portait un coup peut-être décisif et mortel à la France, et qu'elle allait faire dévier le cours de ses destinées. En plaçant le duc de Bourgogne au seuil du dix-huitième siècle, dont l'esprit s'annonçait déjà, Dieu l'avait doué de toutes les vertus nécessaires pour en modérer le cours, pour le diriger dans des voies conformes à toutes nos traditions chrétiennes et nationales. Lui mort, l'esprit du siècle allait rompre toutes ses digues et se précipiter sur les pentes du philosophisme sceptique, jusque dans les bas-fonds boueux et sanglants de la Révolution.

Quel règne annonçait à la France celui qui, en pleine cour de Louis XIV et jusque dans les salons de Marly, ne cessait de répéter que « les rois sont faits pour les peuples, et non les peuples pour les rois ! » Toutes ses journées, nous dit madame de Maintenon, étaient employées « à remplir les devoirs qu'il connaissait et à s'instruire de ceux qu'il ne connaissait pas. » Toutes ses intentions étaient tournées au bonheur et au soulagement des peuples, et s'il lui arrivait de sentir en son cœur quelque sentiment d'irritation et de colère, c'était contre la multitude des impôts ou contre les traitants et financiers qui exploitaient la misère publique. Ce respect des droits du faible, cette constante sollicitude pour les malheureux l'avaient conduit, à peine âgé de dix-sept ans, à faire rassembler la statistique générale du royaume, et il avait annoté, avec une rare puissance de travail, les quarante-deux volumes in-folio qui la contenaient.

« Il faut, avait écrit Fénelon, quand la mort du grand dauphin semblait assurer dans un prochain avenir la couronne sur le front du duc de Bourgogne, il faut devenir le père des peuples, la consolation des affligés, la ressource des pauvres, l'appui de la nation, le défenseur de l'Église... Il faut écarter les flatteurs, s'en défier, distinguer le mérite, le chercher, le prévenir, apprendre à le mettre en œuvre, écouter tout, ne croire rien sans preuve et se rendre supérieur à tous, puisqu'on se trouve au-dessus de tous... Il faut *vouloir être le père et non le maître*. Il ne faut pas que tous soient à un seul, mais un seul doit être à tous... »

Ce sont là, traduits en prose, les conseils que l'auteur d'*Athalie* place magnifiquement dans la bouche du grand-prêtre Joad. Plus heureux que Joas, le duc de Bourgogne sut les comprendre et les mettre en pratique. Ils fleurirent, comme autant de semences divines, dans une âme qui n'était pas seulement celle d'un roi, qui était celle d'un saint. Ils furent, dans son cours trop rapide, l'immortel honneur d'une vie qui a provoqué l'admiration des « philosophes » eux-mêmes et qui, malgré sa sainteté, a trouvé grâce jusqu'auprès des Voltaire et des Michelet.

Dieu avait exaucé les prières de l'archevêque de Cambrai en donnant à son royal élève *un cœur vaste et large comme la mer* pour aimer le peuple Franc et se dévouer à la gloire de l'Église. Du fond de son oratoire, le descendant de saint Louis voyait plus loin et plus juste que les hommes d'État. Les rayons du soleil de Versailles n'avaient ébloui ni son âme ni ses regards. En plein absolutisme royal et quatre-vingts ans avant 1789, il demandait une assemblée des notables et le retour aux antiques libertés du pays par la convocation des États généraux. Dans un temps où le pouvoir central s'efforçait d'amoindrir et d'absorber toutes les franchises locales, il proclamait bien haut la supériorité des pays d'État sur les pays d'élection. Quand Louis XIV disait : *L'État c'est moi*, son petit-fils ne craignait pas de répéter avec Fénelon que l'État « c'est la nation entière unie au roi et ne faisant qu'un avec lui. » En toute circonstance, enfin, on le vit placer au-dessus des droits de l'autorité royale le sentiment des devoirs qu'elle impose.

Revenons à la *Correspondance*, qui fait l'objet de ce travail. Dans les pages tombées de la plume du petit-fils de Charles X, il nous sera facile de reconnaître l'écho des pensées et des sentiments qui faisaient battre le cœur du petit-fils de Louis XIV.

IV

Une idée maîtresse domine toute cette Correspondance, qu'on ne doit point séparer des manifestes qui l'ont suivie et qui la complètent. C'est celle-ci : « Le droit monarchique est le patrimoine de la nation. » Pour Henri V, le droit séculaire qui réside en lui est une propriété nationale ; le

Roi n'est que l'usufruitier d'une couronne dont la nue-propriété appartient à la France. Or, le premier devoir de l'usufruitier est de conserver intact, comme un dépôt sacré, l'objet de l'usufruit. De là, cette parole royale, une des plus belles qui aient jamais été prononcées: *On peut abdiquer un droit, on n'abdique pas un devoir*. Ce mot de devoir revient à tout instant sous la plume du Prince. Il est le pivot de sa pensée, l'alpha et l'oméga de sa conduite politique comme de sa vie privée :

« Je ne vois dans les droits que, d'après les antiques lois de la monarchie, je tiens de ma naissance, que des devoirs à remplir, écrit-il dès 1844; la France me trouvera toujours prêt à me sacrifier pour elle. » Et ailleurs : « Je ne viens pas me constituer prétendant. Dieu, en me faisant naître, m'a imposé de grands devoirs envers la France, je ne les oublierai jamais. Quand il m'appellera à les remplir, je serai prêt, sans orgueil et sans faiblesse.... Mes amis peuvent être sûrs que je connais mes devoirs et qu'avec l'aide du ciel je saura les remplir.... Mes devoirs envers la France seront toujours la règle essentielle de ma conduite.... Mon devoir est de conserver loyalement à mon pays et de transmettre intact à mes successeurs le principe de l'hérédité royale et traditionnelle.... » etc.

Nous sommes loin ici des théories du pouvoir formulées par les légistes sur les droits absolus du monarque, théories qui absorbaient toute la nation dans le roi et qui allaient jusqu'à lui attribuer toutes les propriétés du royaume. Les légistes, dépositaires et interprètes des traditions païennes du césarisme, exaltent sans cesse les droits du roi. Le christianisme parle surtout de ses devoirs. C'est à ce point de vue, nous l'avons dit, que l'élève de Fénelon envisageait les droits qui devaient lui échoir un jour. C'est à ce point de vue que le royal auteur de la Correspondance que nous parcourons interprète aussi tous ceux qu'il tient de sa naissance.

Pour le comte de Chambord, comme pour le duc de Bourgogne, la monarchie n'est pas distincte du pays, ni placée au dessus de lui par son origine et ses droits : « La monarchie, c'est la maison de France indissolublement unie à la nation. » C'est le mot des Cahiers : « Le souverain, c'est la nation jointe au monarque. » C'est aussi la définition de Fénelon : « L'État, c'est la nation entière unie au roi et ne faisant qu'un avec lui. » Ainsi que le fait remarquer, dans une comparaison ingénieuse, l'auteur de l'étude politique qui précède la *Correspondance:* « Le roi et la nation sont les deux branches de la fleur de lis: c'est la France. »

Et, de là, cette conséquence qu'un gouvernement stable, vraiment national et légitime, ne saurait tirer son origine ni du seul octroi royal, ni d'une surprise parlementaire, ni d'un expédient plébiscitaire, ni d'une révolution ou d'un coup de force quels qu'ils soient. Le roi et la France doivent comparaître au contrat dans toute leur liberté et leur dignité.

« Dieu aidant, *nous fonderons ensemble*, quand vous le voudrez, un gouvernement conforme aux besoins réels du pays. »

Ce gouvernement aura pour base « les larges assises de la décentralisation administrative et des franchises locales », et pour garantie « le suffrage universel honnêtement pratiqué et le contrôle des deux Chambres. »

Que l'on compare ces déclarations toutes récentes avec la lettre à Berryer (23 janvier 1851); avec celles au duc de Lévis (25 juin 1853), au duc de Noailles (22 décembre 1850), à M. de Corcelles (28 février 1852); avec les discours de Londres

(1844), de Wiesbaden (1850) ; avec le manifeste du 25 octobre 1852 et ceux qui l'ont suivi, et que l'on dise s'il est un seul des principes sur lesquels repose la société moderne, proclamés en 1789 et inscrits dans les Cahiers, qui ait jusqu'ici été méconnu ou répudié par le Prince. Le suffrage universel, les deux Chambres, l'administration restituée au pays, l'égalité devant la loi, la liberté de conscience, « le libre accès pour tous les mérites à tous les honneurs, à tous les avantages sociaux », tous ces « grands principes d'une société éclairée et chrétienne », lui « sont chers et sacrés comme à tous les Français. » Sans doute, Henri V est le fils de la tradition capétienne et bourbonienne, c'est là sa gloire et sa force incomparable ; son principe est la sève qui a fait germer, grandir, fleurir et fructifier l'arbre dix fois séculaire de la monarchie française ; mais Henri V est aussi le fils de son siècle, de son éducation, des lectures et des méditations solitaires de son exil.

V

« Heureux, disait un philosophe de l'antiquité, heureux les peuples gouvernés par des princes qui ont longtemps vécu dans la vie privée ! » Tel a été le sort de Henri de Bourbon. Pendant plus de quarante ans l'adversité a été la compagne et la maîtresse austère de sa vie, d'une vie sans tache et sans reproche. Elle lui a enseigné la douceur patiente et l'éternelle miséricorde. Elle l'a préparé au devoir de régner et de restaurer, en le dotant de toutes les qualités nécessaires aujourd'hui à cette grande et rude tâche. Elle l'a fait bon, indulgent, dans un temps où il est nécessaire de pardonner beaucoup et d'oublier davantage ; équitable et modéré au milieu de factions violentes et de passions haineuses ; ferme et calme quand autour de lui tout est agité, mobile et changeant comme les flots soulevés par la tempête.

Avec la fermeté, la modération et la clémence, le descendant de saint Louis a le sentiment profond de l'autorité, c'est-à-dire de la justice, à une époque où tous les esprits, où toutes les âmes sont livrés à la plus épouvantable anarchie intellectuelle et morale, où toutes les notions du bien et du mal, du juste et de l'injuste, du vrai et du faux sont altérées et confondues. Voici les peuples revenus à la Tour de Babel. La confusion des doctrines surpasse la confusion primitive des langues. Le manifeste de Chambord a prononcé le *Fiat lux!* qui peut seul éclairer ce chaos. Pense-t-on que l'ordre puisse se rétablir à l'aide des principes qui ont fait le désordre et à l'ombre de l'étendard qui est le symbole même de l'anarchie ? En plantant son drapeau au milieu d'un pays livré à tous les vents de discorde, divisé contre lui-même, et, par là, voué d'une manière fatale à la dissolution et à la mort, Monsieur le comte de Chambord a indiqué la seule voie de salut : le retour à l'autorité et à l'unité.

Quand on étudie ses lettres, quand on regarde sa vie, on ne peut s'empêcher de redire : *Quel règne sera le sien, s'il lui est donné de vaincre les destinées ennemies !* — Hélas ! nous le savons, les inimitiés sont violentes, acharnées ; nombreux sont les préjugés entretenus par la sottise ou la mauvaise foi. Quelles accusations ineptes se répandent dans les foules si mobiles, si accessibles à toutes les crédulités ! A les en croire, la résurrection de l'ancien régime, le rétablissement de la dîme, des droits féodaux, d'usages que les rois de France avaient abolis dans leurs propres terres bien avant qu'ils aient légalement disparu en 89, ne tarderaient pas à suivre la restauration de Henri V. On rend publiquement hommage à l'honnêteté, à la loyauté du Prince, et l'on ne tient aucun compte de la parole royale qui a dit : « J'ai employé les longues années de mon exil à étudier sérieusement les hommes et les choses. Je comprends les conditions que les événements ont faites à la société actuelle. Je reconnais les intérêts nouveaux qui de toute part se sont créés en France et le rang social que se sont légitimement acquis l'intelligence et la capacité. Si la Providence m'appelle au trône, je prouverai, je l'espère, que je connais l'étendue et la hauteur de mes devoirs. Exempt de préjugés, loin de me renfermer dans un esprit étroit d'exclusion, je m'efforcerai de faire concourir tous les talents, tous les caractères élevés, toutes les forces intellectuelles de tous les Français à la prospérité et à la gloire de la France. »

La France! son image chère et bénie revient à toutes les pages du volume que nous avons sous les yeux. Avec quel respect, avec quel amour l'auguste exilé ne parle-t-il pas de la patrie absente! — « Je ne puis disposer de la France sans elle et loin d'elle..... Je respecte mon pays autant que je l'aime..... Mon Dieu! sauvez la France, dussé-je mourir sans la revoir! » Ces mots-là et bien d'autres semblables découlent à tout instant de sa plume comme d'une source naturelle.

VI

Telle est cette Correspondance. Elle donne une grande et haute idée de la valeur morale, de l'intelligence éclairée, de l'âme chrétienne et française du noble prince qui en est l'auteur. On y trouve, nous le répétons, les mêmes pensées, les mêmes sentiments, les mêmes soucis des intérêts publics et des souffrances du pauvre, le même amour de Dieu, de l'Église et de la France, le même esprit élevé et libéral que chez ce duc de Bourgogne dont la fin imprévue dicta à Saint-Simon ce témoignage d'admiration suprême :

« Quel amour du bien ! Quel dépouillement de soi-même ! Quelles recherches ! Quels fruits ! Quelle pureté d'objets ! Quel reflet de la Divinité dans cette âme candide, simple, forte, qui, autant qu'il est donné ici-bas, en avait conservé l'image ! »

Et maintenant, s'il était convenable de parler du style de cette Correspondance, où l'écrivain s'efface et disparaît devant l'homme et le Roi, je dirais qu'il procède du grand siècle, mais avec un reflet très-contemporain. On y sent l'influence héréditaire de Louis XIV. C'est par excellence le style bourbonnien de la branche aînée, car on a remarqué que la branche cadette, depuis le Régent, avait la phrase longue et embarrassée de ces parenthèses qui n'en finissent. On trouve ici la plus saine et la plus naturelle des langues ; point d'ambages ni de superfluités, mais le mot vrai, juste et franc.

Ah ! qu'il est Français le royal auteur de ces lettres ; Français par le style, la langue, la conversation, l'accent, — surtout par le caractère et la politique !

A vrai dire, cette politique est toute une nouveauté, et, à bien des égards, tout le contraire de ce que l'on a jusqu'ici entendu par ce mot. Elle n'emprunte rien aux traditions florentines ; elle ne fait pas de l'astuce et du parjure des moyens de gouvernement ; elle ne dit pas, avec Machiavel et ses disciples « que l'utile est le juste » ; mais elle proclame hautement que « le juste est l'utile ». Pour elle, les mots de bonne foi, de clémence, d'humanité, d'équité, ne sont pas seulement des mots, mais des vérités augustes qui devraient être éternellement gravées *ès cœurs des rois*.

Laissons les habiles sourire. Tout arrive en France, et il se pourrait qu'un jour l'honneur et la franchise eussent le pas sur la ruse et le mensonge, et que la politique royale devînt la suprême habileté, parce qu'elle est l'honnêteté suprême. La politique révolutionnaire est maintenant jugée par ses fruits. Après avoir renié toutes ses promesses, manqué à tous ses engagements, trompé tous les acheteurs, laissé protester tous ses billets, elle est venue (ô honte et douleur !) aboutir à la plus épouvantable faillite dans laquelle ont été engloutis l'or, le sang, la considération et l'influence séculaire de la France.

Le petit-fils de Henri IV pouvait-il s'associer à une telle politique ? Il lui appartenait au contraire d'arracher le pays à la bourbe des révolutions pour le diriger dans la voie royale et chrétienne au bout de laquelle est le salut ; de l'élever au dessus de lui-même en lui présentant un idéal de foi et d'honneur. Ses intentions et ses paroles seront-elles comprises quelque jour ? — « J'ai placé mon vaisseau, dit un poëte allemand, sur le promontoire le plus élevé du rivage, et j'attends que la mer soit assez haute pour le faire flotter. »

Il nous semble qu'aux premières émotions causées par les déclarations royales succèdent des sentiments plus réfléchis, plus équitables ; qu'après un premier reflux la mer de l'opinion monte de nouveau, que ses flots s'élèvent et qu'ils atteindront bientôt le navire qui porte le Roi et la fortune de la France.

SOUVENIRS D'ANVERS

NOTES D'UN VOYAGEUR.

Vers le milieu du mois de février, Monsieur le comte de Chambord est venu demander à la ville d'Anvers une hospitalité de quelques jours que la révolution a troublée par d'odieuses manifestations et des brutalités dignes d'elle.

Anvers, ville religieuse, paisible, hospitalière, était fière et heureuse de posséder celui qui a voulu vivre dans l'exil sous le simple nom de comte de Chambord. L'affluence des visiteurs était considérable. Des communications incessantes, journalières, allaient s'établir entre la France et celui qui devait être son Roi.

2.

La révolution a compris le danger qui la menaçait, et elle a lâché la meute de ses aboyeurs à gages contre le noble Prince dans lequel elle pressent un dominateur et qui représente tous les principes d'ordre, de liberté, de conservation et de pacification européenne.

L'auteur de ces notes a fait aussi son pèlerinage d'Anvers. Il a parcouru en touriste la vieille cité qui a gardé à travers les âges une originalité des plus marquées. Il a pénétré en fidèle auprès de Henri de Bourbon. Il a assisté aux diverses démonstrations de l'émeute révolutionnaire.

Les pages qui suivent ne sont que la reproduction fidèle et sans art de ses impressions et de ses souvenirs, crayonnés à la hâte sur des tablettes de voyageur.

I

LA VILLE.

L'origine d'Anvers se perd dans la nuit des vieux âges, et cette origine a sa légende.

D'après la tradition populaire, un géant de quinze coudées, nommé Antigon, vivait du temps de Jules César sur les bords de l'Escaut, au lieu précis où se trouve aujourd'hui la ville d'Anvers. Ce géant rançonnait les passants, et coupait une main à ceux qui cherchaient à se soustraire à ses brigandages. Un voyageur, nommé Salvius Brabon, eut un jour l'heureuse chance de faire subir au géant la peine du talion et d'abattre d'un seul coup cette main féroce qui en avait fait tomber tant d'autres.

Depuis ce temps le géant et sa femme ont été relégués au musée de la ville d'où ils sont extraits, à certains jours de fête, et promenés par les rues au grand ébahissement des enfants, grands et petits.

L'âge historique de la cité commence au VIIe siècle. Ses habitants furent convertis au christianisme par saint Amand et saint Éloi (646).

Au IXe siècle, elle était déjà une cité florissante au point de vue commercial, lorsqu'elle fut brûlée par les Normands, ces ancêtres des pétroleurs, qui, non contents d'avoir incendié une première fois la ville en 835, renouvelèrent leurs exploits à différentes reprises dans le cours du siècle. Aussi leur renom n'était-il pas en odeur de sainteté auprès des citadins d'Anvers, qui ajoutaient chaque soir à leurs litanies cette invocation : *De la fureur des Normands délivrez-nous, Seigneur.*

Anvers suivit les destinées historiques des Pays-Bas. Elle s'enrichit par le commerce et s'illustra par les beaux-arts.

Vers le milieu du XVIe siècle, on voyait souvent réunis sur l'Escaut, jusqu'à deux mille cinq cents navires qui venaient prendre à Anvers des produits manufacturés pour les diriger sur l'Angleterre, l'Espagne et le Portugal.

Les écrivains de ce temps font une énumération enthousiaste des merveilles industrielles de la ville. Ils décrivent les tapisseries, les glaces, les armures, les satins, les velours à ramages, les chefs-d'œuvre d'orfévrerie qui abondaient dans la cité flamande et dont elle a conservé jusqu'à nos jours de précieux échantillons.

Mais la gloire d'Anvers est surtout artistique. Le commerce et l'industrie ont rempli ses coffres. L'art a entouré son front du nimbe lumineux. Il l'a doté d'une cathédrale merveilleuse, d'églises remarquables, de monuments civils, d'hôtels privés, de statues, de tableaux, de sculptures dont l'homme de goût doit garder le souvenir. Pour tout dire, en un mot, Anvers est la ville de Rubens.

Sa statue, haute et fière, se dresse sur la place Verte, à quelques pas de la cathédrale, que son pinceau a enrichie. On retrouve encore dans la ville, à peine altérés, les types de ses tableaux : jeunes filles au teint pourpré, aux formes opulentes, enfants roses et joufflus, nourris du lait puissant des vaches flamandes. Les églises et le musée étalent avec orgueil de magnifiques toiles du vieux maître dont la fécondité était sans égale et qui a pour ainsi dire abordé tous les genres. Peinture religieuse, histoire, portrait, scènes familières, joyeuses kermesses, Rubens a traité tous les sujets avec une inépuisable richesse de pinceau. Au point de vue de l'art chrétien, toutefois, la peinture de Rubens, trop fortement empreinte du naturalisme flamand, appellerait plus d'une réserve. En outre, ses toiles historiques sont trop souvent gâtées par des allégories d'un goût équivoque. Mais les Anversois n'admettent pas ces critiques, et, pour eux, Rubens est l'égal des Raphaël et des Poussin.

Outre de nombreuses toiles de Rubens, le musée d'Anvers possède une collection des plus remarquables, dans laquelle les écoles flamande, hollandaise et allemande sont surtout, cela va sans dire, très-largement représentées.

La cathédrale d'Anvers est un des plus vastes monuments gothiques de l'Europe. Sa tour, merveille de sculpture, élève sa flèche dentelée à 122 mètres au dessus du sol. Un joyeux carillon y fait raisonner jour et nuit le timbre de soixante cloches, parmi lesquelles il en est une du poids de seize mille livres, qui se glorifie d'être la filleule de l'empereur Charles-Quint.

Vu de la dernière galerie de cette tour à laquelle on parvient par un escalier de 622 marches, Anvers présente un admirable spectacle. A l'horizon, l'Escaut, semblable à un gigantesque serpent aux écailles azurées, se déroule en replis tortueux. Une véritable flotte encombre le port de la ville. Les églises et chapelles dardent leurs flèches vers le ciel. Les maisons historiques si nombreuses, si riches d'architecture et de sculpture, étalent leurs pignons merveilleusement ouvrés sur des rues que la banalité moderne n'a point encore reconstruites et tirées au cordeau. Anvers est resté une cité de la Renaissance par sa conformation extérieure et par les mœurs de ses habitants.

Mais c'est assez nous attarder à des impressions de touriste et à des souvenirs d'un autre âge. Revenons aux réalités contemporaines, à ce qui est l'avenir et la vie.

II

LE PRINCE.

Près de quatre mille personnes ont été reçues par M. le comte de Chambord pendant la quinzaine qu'il a passée à Anvers, quatre mille personnes de toutes les classes et appartenant aux différentes provinces de la France. Elles ont pu contempler à loisir le petit-fils de Henri IV, recueillir ses paroles, lui exposer la situation si douloureuse de la plupart de nos départements. Je ne crains pas d'affirmer qu'elles sont toutes sorties de ces entretiens l'âme vivement émue et le cœur plein d'espérance.

Dans ces réceptions, on a pu admirer à quel

degré supérieur le Prince possède le don héréditaire des Bourbons, la mémoire et l'esprit d'à-propos. Reconnaître chacun au milieu de la foule, trouver pour chacun le mot approprié, l'interrogation nette et précise, parler à tous des intérêts de leurs départements ou de leurs familles, Monseigneur accomplit pendant les longues heures de ses audiences ce difficile travail avec une aisance, un naturel et une présence d'esprit des plus remarquables.

Des audiences particulières ont été accordées aux députés qui sont venus en nombre, aux hommes politiques, aux publicistes même indifférents ou hostiles qui voulaient connaître et juger par eux-mêmes un Prince que l'esprit révolutionnaire peut méconnaître et redouter, mais qui n'en est pas moins l'incarnation d'un grand principe et comme l'image vivante de la tradition nationale.

Un rédacteur de la *Liberté* a fait connaître les détails d'une audience qu'il obtint à Bréda deux jours après que M. le comte de Chambord eut quitté Anvers. Voici quelques passages de cette correspondance qui a fait sensation à Paris au moment de sa publication :

« . . . . . Je montai au premier étage. Je vous avoue que le cœur me battait fort et que j'étais très – embarrassé. Je traversai un petit salon, dans le milieu duquel se trouvait une porte ouvrant sur la chambre à coucher du Prince. Je m'arrêtai sur le seuil, et je saluai le comte de Chambord qui vint à moi.

«M. le comte de Chambord était vêtu d'un petit paletot de drap noir, sans taille, boutonné jusqu'au haut, d'un pantalon gris demi-collant. Il portait une chemise à col rabattu et une cravate noire. Il était nue-tête.

« — Monsieur, me dit-il, M. de Monti m'a dit qui vous étiez ; je suis heureux de vous voir, d'abord parce que vous êtes Français, ensuite parce que vous êtes journaliste. On dit beaucoup de mal de moi dans ce moment ; êtes–vous de ceux-là ?

» — Monseigneur, lui répondis-je, je ne puis que vous répéter ce que je disais tout à l'heure à M. de Monti ; il n'y a que les gens de mauvaise foi qui ne vous rendent pas justice.

« — Malheureusement, ils sont nombreux en France. Enfin, depuis que je suis au monde, je suis habitué à la persécution. M. de Girardin écrit-il toujours dans *la Liberté ?*

» — Oui, Monseigneur; mais maintenant le journal est la propriété de M. Détroyat. M. de Girardin est resté son collaborateur.

» — Ah! c'est un grand esprit; c'est un homme à grandes et nobles idées. A Froshdorff, je lisais ses articles tous les jours... »

Je parlai ensuite des affaires de France. Alors le comte de Chambord m'interrompit : « J'ai reçu, dit-il, la visite d'une centaine au moins de députés. Beaucoup d'entre eux ne sont pas de mon parti; je les ai reçus avec autant de plaisir que ceux qui sont mes partisans.

« — Monseigneur, demandai-je alors, est-il vrai que vous ayez songé à adopter le duc Robert de Parme, et à le reconnaître pour votre héritier? »

A ces paroles, Henri de Bourbon se mit à sourire et me répondit :

« — Qui donc peut inventer de pareilles fables? Est-ce que ma vie tout entière n'est pas là pour le démentir? Moi qui suis fanatique des principes, comment songerais-je à violer la vieille loi salique? Mais il n'y aurait alors aucune raison pour que je n'adoptasse pas le premier gentilhomme venu.

« Mon héritier, vous le connaissez. Je n'ai pas

le choix : *c'est celui que la Providence m'impose*, puisqu'elle a décidé que la branche aînée des Bourbons devait s'éteindre en moi.

Je parlai de la fusion.

« — La fusion, reprit le prince, est-ce qu'elle n'existe pas ? Les princes d'Orléans sont mes fils. Je ne me suis jamais souvenu, ni de Philippe-Égalité, ni de Louis-Philippe Ier, ni de la citadelle de Blaye. Et le malheur commun ne nous a-t-il pas tous rapprochés ? 1848 n'a-t-il pas effacé 1830?...

Je me retirai en m'inclinant. Je sortis enchanté d'avoir eu l'honneur de voir M. le comte de Chambord. Certes, je ne suis pas légitimiste, et je ne le deviendrai jamais. Mais je vous jure qu'on ne peut pas parler au comte de Chambord sans être saisi à la fois et de respect et d'une vive sympathie pour sa personne... »

Tous les Français, tous les étrangers de distinction qu'attirait à Anvers le désir d'être présentés au Prince ne tenaient pas un autre langage. Seulement, ils allaient plus loin que le *reporter* de *la Liberté ;* quelques instants d'entretien passés avec le chef de la Maison de Bourbon leur suffisaient pour comprendre que le jour où, comme souverain, il mettra le pied sur le sol formé ses pères, nous retrouverons tout ce que nous avons perdu : des alliances, un crédit, une situation en Europe, sans compter le reste.

Pour moi, qui ne me pique point d'une impartialité qui ne saurait être dans mon cœur, j'avoue que je n'ai pu approcher de Henri de Bourbon sans éprouver une émotion profonde. Je le revoyais après un intervalle de vingt-huit ans. Je retrouvais, mûri par l'âge, la méditation, l'exil, les épreuves de toute nature, celui que j'avais été saluer à Londres en 1844, et en contemplant cet air « prédestiné », ce front royal, ce regard et ce sourire qui vous invitent à la confiance, en écoutant cette voix dont la mélodie vous émeut jusqu'aux larmes, je me rappelais ce mot adressé au roi Charles X par un des commissaires du Gouvernement de juillet :

« Sire, veillez sur cet enfant, la France aura un jour besoin de lui. »

Le jour prédit par M. Odilon Barrot est venu.

Après tant de ruines accumulées par l'esprit d'usurpation et de révolution, c'est l'heure ou jamais de recourir à Celui qu'on peut appeler à juste titre la *réserve de la Providence*.

III

LA RÉVOLUTION.

Plusieurs éléments se rencontraient dans les manifestations qui se sont produites pendant le séjour de M. le comte de Chambord à Anvers.

Parmi les groupes pressés aux abords de l'hôtel Saint-Antoine, il y avait des Allemands qui criaient: *Vive la Prusse!* des gens qui chantaient la *Marseillaise* avec un accent parisien des plus prononcés, des affiliés de l'Internationale obéissant à un mot d'ordre et à un signal avec un ensemble caractéristique. Enfin le libéralisme belge a été bien aise de saisir l'occasion pour faire une démonstration contre le ministère catholique et contre la municipalité anversoise elle même, dont le succès aux dernières élections a été significatif et complet.

Je le répète, la ville d'Anvers n'a été pour rien dans ces ineptes manifestations encouragées par des journaux sans conscience et sans pudeur, car on ne saurait se figurer la platitude et l'ineptie de la presse « libérale » de Belgique. Les feuilles démocratiques du dernier de nos arrondissements donnent à peine une idée de ces invectives d'estaminet, de cette langue grossière et ordurière dans laquelle les lois de la syntaxe ne sont pas moins outrageusement violées que les règles de la bienséance et du plus vulgaire bon sens. *C'est le délicat des mauvaises ruelles*, c'est le régal de la canaille.

Les cercles de jeunes gens et d'ouvriers ont organisé des contre-manifestations, opposé des groupes sympathiques aux groupes hostiles, répondu aux clameurs cosmopolites par les cris de *Vive le comte de Chambord !* et à la *Marseillaise* par le chant conservateur et national du *Lion des Flandres*.

L'excellent bourgmestre comprenant que la bonne renommée de sa ville était sur le point d'être gravement compromise, et très-humilié de démonstrations qui ne pouvaient tourner qu'au désavantage de ses administrés, s'est présenté dans les principaux hôtels d'Anvers :

« Messieurs, a-t-il dit aux Français, je suis confus et humilié de tout ce qui se passe. Mais croyez bien qu'il n'y a qu'une infime minorité de nos concitoyens qui prennent part à ces scènes brutales. Les neuf dixièmes de la cité sont heureux et fiers de posséder parmi eux un prince tel que le comte de Chambord. Je n'avais qu'à laisser faire, et les Anversois auraient eux-mêmes fait bonne et prompte justice de ce ramassis de révolutionnaires que nous envoient Paris, Bruxelles, Liége et Gand. Je ne l'ai pas voulu. J'ai même interdit autant qu'il m'a été possible les contre-manifestations. Mon devoir de magistrat était de prévenir les conflits. J'ai préféré recourir à des mesures d'ordre public. Mais, je vous en prie, n'emportez pas une opinion défavorable de la ville d'Anvers. Elle est des plus sympathiques à votre cause et au noble Prince qui la personnifie. »

Enfin, l'on sait que la Chambre des représentants a fait bonne justice des interpellations adressées par M. Defré au ministre des affaires étrangères au sujet de la présence de Monsieur le comte de Chambord à Anvers. M. d'Aspremont-Lynden, par son discours où il a rendu un noble hommage au représentant du principe de la légitimité royale, la majorité par son vote ont sauvé l'honneur de la Belgique si étrangement compromis par des manifestations qu'encourageait le parti libéral.

Toutefois, Monsieur le comte de Chambord obéissant à ces sentiments de prudence et de haute délicatesse qui sont une des règles de sa conduite n'a pas voulu que sa présence à Anvers devînt plus longtemps une occasion de troubles en même temps qu'un prétexte d'hostilités contre le gouvernement belge. Il a demandé à ses amis de suspendre leurs visites et il s'est dirigé vers la Hollande.

Le séjour de Monsieur le comte de Chambord en Belgique, commencé dans la joie, s'est ainsi terminé dans la tristesse, grâce aux violences de la Révolution qui s'est montrée à Anvers ce qu'elle est partout, odieuse, ignoble et scélérate.

Et maintenant, il nous faudrait tirer une conclusion de tout ce qui s'est passé, à la face de la Belgique et de l'Europe, dans la ville flamande. Cette conclusion, nous l'emprunterons à une plume d'élite, formée à l'école de saint Augustin et de Bossuet et depuis longtemps habile à discuter sur l'élévation et la chute des empires. Voici comment s'exprime dans l'*Union* du 28 février M. Poujoulat qui a été, comme nous, le témoin impuissant et indigné des scènes d'Anvers :

« La Révolution reconnaît dans le représentant

du principe de la monarchie française son ennemi, son véritable ennemi, celui qui demeure naturellement et nécessairement en opposition avec les doctrines dont le monde a senti les ravages. La Révolution sait bien que le commencement du règne d'Henri V serait la fin du sien, non-seulement en France mais encore en Europe ; elle fait et fera de son mieux pour se mettre en travers d'une Restauration qui sera la restauration de toutes les idées de droit, de justice et d'honneur, mais l'absurdité et l'immoralité des systèmes seront vaincues par nos destinées nouvelles. Depuis que la Révolution a pris un caractère cosmopolite, elle ne connaît plus le patriotisme ; elle craint la grandeur française parce que le secret de cette grandeur n'est pas le génie du mal, mais le génie du bien. La France remontée à ses sommets historiques, ce serait la France replacée dans l'ordre et dans sa vocation. Or, l'ordre, cette terrestre image des choses divines, exclut essentiellement les œuvres de la Révolution, et la vocation de la France lui assigne un rôle de puissance morale et de civilisation dans le monde. Tout cela ne fait pas les affaires de la Révolution ; Monsieur le comte de Chambord l'importune et lui déplaît, et c'est la gloire en même temps que la force du Prince.

« Et puisque les ravageurs du monde social appréhendent l'avénement de l'héritier de nos rois, tous ceux qui représentent les forces honnêtes doivent le souhaiter. Nous savons que l'expression de ce vœu se rencontre sur les lèvres de tous les hommes d'ordre en Europe, ils sentent le besoin d'une restauration sociale, et regardent la royauté de Monsieur le comte de Chambord comme l'instrument de cette heureuse et nécessaire rénovation. C'est par ce Prince, marqué du signe de Dieu, que la France reprendra sa « tradition glorieuse de mille ans » et cet ascendant d'autrefois qui profitait toujours aux pensées généreuses, à l'œuvre du bien sur toute la terre. »

MADAME LA COMTESSE DE CHAMBORD

On l'a nommée l'*Ange de l'exil* : le mot est vrai. Messagère de paix, de douceur, de piété, de charité, elle répand autour d'elle les divins rayons. Elle est la joie de la solitude, la couronne et la consolation du malheur ! Elle remplit, auprès de Celui dont elle est la compagne, le rôle de ces femmes providentielles, reines ou princesses, qui, de sainte Clotilde à la duchesse d'Angoulême, de Blanche de Castille à madame Élisabeth, de madame Isabelle, sœur de saint Louis, à la mère Thérèse de Saint-Augustin, tante de Louis XVI, ont été des modèles de vertu, de sagesse et de sainteté, ont protégé le berceau de la France, veillé sur nos rois et prié pour nous.

Modestes et recueillies, reléguées le plus souvent dans le sanctuaire de la vie domestique, elles se sont dérobées aux ovations de l'histoire. Leurs douces et mélancoliques figures apparaissent à demi voilées dans la pénombre des cours. Leur action et leur influence ont été presque toujours invisibles, comme celles de nos anges gardiens.

Marie-Thérèse-Béatrice–Gaëtana comtesse de Chambord est digne d'occuper une place d'honneur dans le cortége de ces princesses de France, femmes, sœurs, filles ou mères de nos rois, qui, par leurs prières, leurs conseils, leurs fondations aussi multipliées que les formes innombrables de la charité chrétienne, ont peut-être exercé plus d'action sur nos destinées que les hommes de diplomatie, de politique ou de guerre.

Fille de François IV, duc de Modène, et de Béatrice de Savoie, elle appartient à la maison d'Este-Hapsbourg, une des plus vieilles et des plus glorieuses de l'Europe.

Par sa naissance comme par ses mérites, elle était digne de Henri de Bourbon. Quand il se présenta à elle, Marie-Thérèse remercia Dieu d'avoir été l'objet d'un pareil choix. Elle en ressentit vivement l'honneur. Bien que proscrit et loin du trône, le petit-fils de Charles X n'en était pas moins à ses yeux le roi de France. Le malheur et l'infortune avaient pour elle une séduction qu'elle n'éprouvait point en face de la prospérité. Les tristesses de l'exil avec Henri V lui paraissaient préférables aux joies de la puissance avec tout autre. Elle s'achemina vers Froshdorf, ce Versailles de l'exil, l'âme aussi fière, le cœur aussi joyeux que si elle allait ceindre la première couronne du monde. Certes, une pareille résolution révélait une âme placée au-dessus des vulgaires soucis.

Aussitôt que la France connut cette alliance, il y eut entre la patrie et l'exil un échange touchant d'hommages, de lettres et de présents.

Toutes les classes, riches ou pauvres, bourgeois, paysans et ouvriers, tinrent à honneur d'envoyer au fils des vieux rois des souvenirs de la patrie absente.

Dans toutes les grandes villes, des messes furent célébrées pour appeler la bénédiction du Ciel sur la royale union à laquelle se rattachaient tant d'espérances ; des banquets s'organisèrent, des adresses se couvrirent de signatures, des députations ouvrières se rendirent jusqu'à Froshdorf ; les dames de la Halle, qui avaient salué Henri de

France dans son berceau, voulurent le complimenter dans son exil.

A tous ces hommages, Monsieur le comte et madame la comtesse de Chambord répondirent par des lettres émues et reconnaissantes et par l'envoi de dons d'une munificence toute royale.

Sur les ordres du prince, d'abondants secours furent distribués aux pauvres de Paris, et des ateliers de charité s'organisèrent dans les domaines qui appartenaient encore aux augustes exilés. Chambord et ses environs eurent une part toute spéciale à ces largesses.

Rien ne coûte au budget, pourtant si modeste et si restreint, de l'exil quand il s'agit de faire le bien et de venir en aide au malheur,

Nous n'avons pas besoin de dire que madame la comtesse de Chambord était pour moitié dans tous les bienfaits de son royal époux. La charité est l'aspiration naturelle de son âme. Elle est digne de la lignée de saint Louis, digne, aussi, ajoutons-le, de sa propre lignée.

Au milieu de la contagion générale, qui n'a pas épargné les maisons souveraines, la maison d'Este a su conserver intact le dépôt des vertus chrétiennes et de l'antique honneur.

En entrant dans la vie, Marie-Thérèse a appris à aimer Dieu et à servir les pauvres. Prier et compatir étaient pour elle une tradition domestique.

Sa mère, Marie-Béatrix de Savoie, avait hérité de toutes les vertus chrétiennes qui ont illustré la maison que nous avons vue, hélas ! s'abaisser sous le joug de la Révolution jusqu'à commettre le plus sacrilége des attentats.

Le frère de son père, l'archiduc Maximilien, était un chevalier du treizième siècle, égaré dans le dix-neuvième. Voué aux études militaires et aux exercices de piété, sa vie ne connaissait que deux passions: les armes et Dieu. Son âme était celle d'un ascète et son cœur celui d'un soldat. Sa vocation l'attirait vers une de ces milices à la fois monastiques et guerrières qui, au moyen-âge, se firent remarquer par les douces vertus et le mâle courage qu'elles avaient acquis à l'école du Christ.

Mais les ordres religieux et militaires ne sont plus qu'un souvenir. Il en reste, toutefois, un débris dans les chevaliers teutoniques qui, chassés d'Asie par le Croissant, se sont répandus en Allemagne, où ils possèdent de grandes richesses. Aux trois vœux monastiques, ils joignent celui de combattre pour la chrétienté au premier appel du Souverain Pontife.

L'archiduc Maximilien renonça à tous les honneurs humains, à tous ses droits éventuels à la couronne ducale, pour entrer dans un ordre qui lui rappelait au moins de glorieux souvenirs. Il passa par tous les degrés de la sainte milice. Il fut successivement novice, chevalier et grand-maître.

En tout temps, il prit au sérieux ses diverses fonctions et en remplit scrupuleusement tous les devoirs. Sa vie devint bientôt un sujet d'admiration et d'édification pour les princes d'Allemagne et d'Italie.

Les hommes d'État avaient souvent recours aux lumières de son expérience. Les fidèles, qui le vénéraient comme un saint, réclamaient ses prières, et les pauvres n'adressaient jamais de vains appels à sa charité.

Ses bienfaits étaient immenses. A sa mort, il se trouva que des fondations charitables et pieuses grevaient la plus grande partie de sa fortune patrimoniale. Madame la comtesse de Chambord accepta l'héritage que la piété de son oncle lui avait légué à titre onéreux. Elle continua les œuvres du pieux archiduc. Elle y mit, avec son cœur, une part de sa propre fortune et bénit son oncle de lui avoir laissé cette *riche succession.*

Nous l'avons dit, en se livrant à l'exercice de la charité, la royale compagne de Henri de Bourbon ne fait que suivre l'impulsion de sa noble et généreuse nature. On peut lui appliquer ce que saint Léon disait de Pulchérie : « Elle aime les pauvres d'un amour de mère; elle les secourt avec la largesse d'une reine. »

Il y a deux sortes de charité pour les princes et les grands de la terre : il y a la charité officielle et bruyante, la charité de convenance et de situation, que les journaux enregistrent avec fracas et dont le Trésor public paie les frais.

Il y a aussi la charité intime, personnelle, pure émanation du cœur ; la charité discrète et secrète qui a pour principe l'amour de Dieu, et qui est la fleur même de l'arbre de la croix.

Ce qu'est la charité de madame la comtesse de Chambord, on le devine, et nous n'avons pas besoin de le dire. Nul ne sait, nul ne saura jamais à quel point elle est aumônière.

Tout enfant et jeune princesse, à Modène, suivie d'une ou deux confidentes, elle faisait l'apprentissage de la bienfaisance en montant l'escalier du pauvre. Depuis ce temps, il est douteux qu'elle ait passé une seule de ses journées sans faire, par ses prières et ses secours, *la part de ceux qui souffrent.* Grâce à elle, Froshdorf et les villages environnants sont devenus d'heureux coins de terre d'où toute misère est bannie.

Partout y reluisent la propreté, l'ordre et l'aisance. Les écoles de garçons et de filles, les pharmacies, les ouvroirs, s'y montrent à chaque pas, attestant qu'une sollicitude intelligente et chrétienne a passé par là.

La vraie charité se donne elle-même et va jusqu'au sacrifice, non-seulement de la fortune, mais de la vie. Madame la comtesse de Chambord a prouvé, en plus d'une circonstance, qu'elle connaissait et pratiquait ce précepte. Elle a été au devant de la mort avec le calme d'une chrétienne et l'héroïsme d'une fille de saint Louis.

Un jour on lui annonce que son frère, le prince Ferdinand d'Este, général au service de l'Autriche, est mourant du typhus, qu'il a contracté en allant, malgré tous, visiter l'hôpital militaire de Brün, où les soldats mouraient par centaines. Aussitôt, madame la comtesse de Chambord quitte Froshdorf et se rend à Vienne. Éloignant tout le monde d'une contagion sans remède, elle veut être seule à respirer l'air empesté et à donner les derniers soins à son frère. Mais Dieu n'accepta pas son sacrifice. Le prince Ferdinand mourut victime de son dévoûment héroïque, et Marie-Thérèse fut miraculeusement épargnée.

En accomplissant cet acte avec la parfaite simplicité qu'elle met en toute chose, madame la comtesse de Chambord ne faisait que suivre l'exemple et marcher, pour ainsi dire, sur les pas d'une autre Marie-Thérèse, qui, dans des circonstances toutes semblables, avait accompli le même ministère de dévoùment auprès du prêtre qui fut le dernier confident de Louis XVI sur l'échafaud du 21 janvier. En donnant ses soins à des prisonniers français amenés à Mittau, en 1809, l'abbé Edgeworth avait aussi contracté un typhus d'une nature très-contagieuse. Malgré toutes les représentations et l'imminence du danger, madame la duchesse d'Angoulême s'établit au chevet du saint prêtre et ne voulut laisser à personne le soin et l'honneur de lui procurer les consolations suprêmes: « Moins il a connaissance de ses besoins et de sa position, disait-elle, plus la présence d'une amie lui est nécessaire. Rien ne m'empêchera de soigner moi-même l'abbé Edgeworth; je ne demande à personne de m'accompagner. »

Madame la comtesse de Chambord n'a cessé de résider auprès de la duchesse d'Angoulême pendant les dernières années que la sainte reine a passées sur cette terre, qui fut bien pour elle une « vallée de larmes » et un « monde de douleurs ». Pendant cinq ans, les deux petites filles de la grande Marie-Thérèse ont vécu de la même vie, prié au même autel, accompli de concert les mêmes bonnes œuvres. Oh ! quelles saintes confidences, recueillies par leurs anges gardiens, ont échangées ces deux femmes royales, dont le cœur battait à l'unisson! Quelles leçons la jeune princesse de Modène a dû recueillir de la bouche de la fille de Louis XVI ! Et quels fruits ces leçons ont porté dans une âme si bien faite pour les comprendre !

Il y a, en effet, bien des points communs entre la vie et le caractère de la comtesse de Chambord et ceux de la duchesse d'Angoulême. Elles ont eu toutes les deux une destinée de dévoûment et de sacrifices. Recherchant la simplicité et la retraite, elles ont fui l'éclat et éloigné d'elles les trop bruyants hommages. Comme ces fleurs modestes dont les parfums révèlent seuls la présence, elles se sont dérobées à l'ombre. Leur vie a été tournée surtout du côté du Ciel. C'est ainsi qu'elles ont accompli leur mission sur la terre. De bonne heure, elles ont compris que servir Dieu était aussi la meilleure manière de servir le Roi et la France.

MADAME LA DUCHESSE DE PARME

Le 19 septembre 1819, le canon des Invalides annonça à la population parisienne la naissance d'une princesse de la maison de France qui reçut aussitôt du roi Louis XVIII les noms de Louise-Marie-Thérèse de Bourbon et d'Artois. Suivant un antique usage on l'appela MADEMOISELLE, en sa qualité de première princesse du sang royal.

Sa naissance n'était point désirée et déconcertait même certaines prévisions de la fidélité royaliste. Elle n'en fut pas moins accueillie comme une augure de bonne espérance. « Les lys, écrivait alors Châteaubriand, les lys enracinés dans leur sol natal viennent de porter un nouveau rejeton : Louise-

Marie-Thérèse d'Artois, **Mademoiselle**, précède ses frères ; elle vient sous un nom chéri nous annoncer des rois. »

La nouvelle princesse avait cinq mois quand, une nuit, on vint la prendre dans son berceau pour la conduire auprès du lit de son père assassiné. Sa voiture entourée d'un faible détachement de gardes du corps franchit avec la rapidité de l'éclair la distance qui séparait l'Élysée de l'Opéra. Elle traversa, endormie dans les bras de sa gouvernante, la foule qui se pressait aux abords du théâtre. Elle n'entendit ni les rumeurs de la ville, ni les bruits de l'orchestre qui jouait encore, ni les sanglots des siens. Le royal agonisant, levant sur son front une main défaillante : « Pauvre enfant, murmura-t-il, je souhaite que tu sois plus heureuse que ceux de ta famille ! »

Pendant ce temps, la fille du duc de Berry poursuivait son sommeil. Elle était calme et souriait aux anges. Dieu avait voulu voiler, pour elle, les horreurs de cette nuit et lui épargner la vision sanglante. Rien n'attrista ses premières impressions. Quand la princesse Louise s'éveilla à la vie, qu'elle put comprendre et apprécier les choses, si les souvenirs douloureux étaient toujours vivants parmi les siens, leurs larmes du moins étaient séchées. L'allégresse publique saluait de toutes parts la naissance d'un nouvel enfant de France. Les poëtes s'écriaient : *Berry nous est rendu !* Et la royale orpheline souriait en regardant un berceau placé près du sien et tendait les bras au frère *qui lui était venu.*

Dès lors, elle ressentit pour ce frère moins âgé qu'elle d'une année, une affection singulière qui devait être la joie et l'orgueil de sa vie et qu'allaient bientôt éprouver et fortifier les adversités de l'exil. — « Comment ne nous aimerions-nous pas? disait la jeune princesse devenue duchesse de Parme, pendant vingt-six ans nous n'avons été qu'une âme en deux corps ! »

Mademoiselle avait onze ans quand la tempête de 1830 vint renverser le trône de son aïeul. Sous la conduite vigilante et sensée de la duchesse de Gontaut son esprit s'était déjà ouvert à beaucoup de connaissances, la vivacité naturelle de son caractère s'était tempérée, mais sans rien perdre de sa grâce charmante. Elle partit pour l'exil comme on part pour un voyage, avec esprit de retour. Pendant la traversée Henri et Louise jouaient ensemble sur le *Great-Britain*, souriant aux vagues qui caressaient le navire, et suivant d'un œil attentif les manœuvres et tous les détails d'un spectacle nouveau pour eux.

> La douleur est un fruit, Dieu ne le fait pas naître
> Sur la branche trop faible encor pour le porter.

Je laisse aux historiens de Louise de Bourbon le soin de l'accompagner à travers les étapes de son exil. Je n'écris point une biographie. Je veux seulement m'attacher, dans cette simple esquisse, à faire ressortir quelques traits particuliers d'une noble et charmante figure.

Ce qui est surtout remarquable chez la sœur de Henri V, c'est l'inaltérable sérénité de sa vie, c'est la force de son âme et le parfait équilibre de toutes ses facultés. Certes, ce ne sont point les tribulations qui lui ont manqué; elle s'est vue de bonne heure marquée du sceau de la souffrance. Le sang d'un père a rougi son berceau, et celui d'un époux a coulé jusque sur sa couche nuptiale. Cruellement frappée dans ses affections de fille, de sœur, de femme et de mère, elle a suivi toutes les stations de sa race douloureusement errante sur le sol étranger; elle a vu s'engloutir dans le gouffre creusé par l'iniquité révolutionnaire le trône royal de son frère comme le trône ducal de son enfant; enfin, elle a obtenu cette destinée singulière de subir l'exil au sein même de l'exil.

Eh bien! toutes ces épreuves, toutes ces douleurs imméritées ont passé sur la fille du duc de Berry sans triompher un seul jour de son courage. Le malheur n'a eu raison ni de son cœur ni de son âme. Il l'a laissée sans découragement comme sans amertume. Sa forte, riche, généreuse et saine nature s'est toujours montrée supérieure à toutes les catastrophes comme à tous les ressentiments.

Enfant, son sourire, sa vivacité joyeuse, ses réparties soudaines passaient comme des rayons de soleil à travers les sombres demeures d'Holy-Rood et de Hradschin. Elle consolait, en les égayant, les derniers jours du vieux roi, les dernières années de la fille de Louis XVI. Tous les pèlerins de l'exil revenaient émerveillés de son charme et de sa grâce. Le plus illustre de tous, Châteaubriand, écrivait en 1833: « Mademoiselle rappelle un peu « son père: ses cheveux sont blonds; ses yeux « ont une expression fine... Toute sa personne est « un mélange de l'enfant, de la jeune fille et de la « princesse: elle regarde, baisse les yeux, sourit

« avec une coquetterie naïve mêlée d'art : on ne « sait si on doit lui dire des contes de fées ou lui « parler avec respect comme à une reine. La « princesse Louise joint aux talents d'agrément « beaucoup d'instruction..... »

Tout ce charme grandit avec elle. Toujours spirituelle et vive, elle aimait à se répandre en saillies. Sa conversation était un mélange exquis d'aménité, de dignité, de naturel et de verve française. Elle était bien la fille de Henri IV pour l'esprit ainsi que pour le cœur, comme elle était celle de saint Louis pour la religion et la piété.

Aussi les Parmesans, dans l'enivrement des premiers jours, se plaisaient-ils à réunir en elle les qualités qui, séparées, avaient fait l'illustration de trois princesses napolitaines : ils la nommaient la *Bella*, la *Docta*, la *Santa Francese*.

Belle, elle l'était de cette beauté forte et opulente qui caractérisait les femmes du grand siècle, qu'on admirait dans Marie de Médicis et dans Anne d'Autriche, mais qui, chez elle, semblait surtout l'expression visible de l'immatérielle beauté. Sa tête, bien qu'un peu engoncée comme celle de son père, était lumineuse et rayonnante. L'azur limpide de son regard réflétait toutes les pensées de cette âme loyale qui n'avait rien à cacher. Les traits nets et purs de sa physionomie exprimaient la franchise, la résolution, la dignité, la noblesse. Née pour la joie, elle avait le rire communicatif, la répartie naturelle et soudaine, l'expression toujours juste, appropriée et parfois finement aiguisée.

Aucune connaissance n'était étrangère à son esprit. Elle avait mis à profit les longues veillées de l'exil pour apprendre la plupart des langues et des littératures de l'Europe, pour étudier à fond l'histoire et le droit public lui-même, sans songer combien elle devait un jour en connaître et en éprouver les vicissitudes. Comme sa mère, elle était sensible à toutes les séductions des beaux-arts. Elle dessinait avec originalité et vigueur et avait pour la musique un goût passionné. Mais les arts ne furent pour elle qu'une récréation et elle ne leur accorda jamais le temps qu'elle devait à ses devoirs et à de plus sérieux travaux.

Les lettres qu'on connaît d'elle sont, comme l'était sa conversation, simples, naturelles, d'un tour excellent, bien français. Mais, écrites le plus souvent en réponse à des envois de la patrie absente, à des témoignages publics de dévouement et d'admiration, elles ont forcément, pour la plupart, un caractère quasi officiel et de convention. C'est d'après ses correspondances intimes qu'il faudrait pouvoir la juger comme femme et comme écrivain. Si jamais les lettres qu'elle a échangées avec Froshdorf et Brunsée, avec son frère, sa mère, ses enfants, ses amis, sont livrées à la publicité, on saura tout ce que renfermait l'âme de cette sœur, de cette fille, de cette mère et de cette chrétienne.

Sa piété, comme sa foi, étaient aussi ardentes qu'éclairées. Initiée, dès le premier âge, aux vérités éternelles par un prêtre d'un rare mérite, l'abbé Busson, ses convictions religieuses grandirent avec elle et furent à la fois sa lumière et son soutien à travers les tribulations de la vie.

C'est sans nul doute à la source sacrée des méditations et des pratiques chrétiennes que madame la duchesse de Parme a puisé sa résignation, sa force invincible contre le malheur, et ce vaillant courage qu'on a vu un jour monter jusqu'à l'héroïsme.

Qui n'a souvenir de cette heure funèbre où le poignard d'un Louvel italien vint frapper le duc régnant de Parme jusque sur les marches de son palais ? Après les premières effusions de la douleur et sans perdre de temps en vaines lamentations, la duchesse quitte le lit ensanglanté de son époux pour courir où l'appellent ses devoirs de mère. Ce qu'elle a fait pendant les cinq années de sa régence, on ne saurait trop le rappeler pour les leçons des peuples et des rois.

Elle a régi les finances avec ordre, économie et vigilance.

Elle a dégrevé la dette publique, créé une réserve pour le trésor, tout en allégeant les charges de la propriété foncière, en élevant le traitement des serviteurs de l'État et en améliorant le sort de tous les pensionnés civils, militaires et ecclésiastiques.

Elle a ouvert des asiles aux vieillards, donné des institutions aux enfants des pauvres, du travail aux ouvriers.

Quand le choléra et l'inondation se sont abattus sur la ville et le duché de Parme, elle a trouvé des trésors à verser dans le sein des victimes du double fléau.

Louise de Bourbon a fait tout cela au milieu des complications politiques les plus graves, quand le Piémont convoitait ses États et semait partout l'esprit de révolte et de sédition, quand l'Autriche lui faisait un reproche de sa neutralité.

Alors que tout fléchissait autour d'elle, la noble fille de France a été fidèle à ses engagements, fidèle au devoir, fidèle à l'honneur. Elle s'est montrée calme et sereine au milieu de la tempête, forte et courageuse en présence du péril, digne au milieu de toutes les indignités.

Puis, après la consommation de l'œuvre inique, elle a accepté avec une pleine résignation sa nouvelle destinée. La petite-fille de Charles X n'avait, du reste, nul besoin de faire l'apprentissage de l'exil. La souveraine dépossédée devint, sans nul effort et avec un naturel parfait, châtelaine et maîtresse de maison. Elle resta toujours femme supérieure et mère incomparable. Ne pouvant plus veiller aux destinées d'un peuple, elle se retourna avec plus de loisir vers celles de ses enfants et concentra tous ses soins sur l'œuvre de leur éducation.

La nature semblait avoir pris plaisir à concentrer en elle une somme de qualités et de vertus qu'on trouve éparse et comme morcelée en menue monnaie dans la suite de ses royales aïeules, chez plusieurs reines et princesses que la Maison de

France compte avec un juste orgueil parmi ses gloires. Courageuse comme cette Jeanne d'Albret dont d'Aubigné a dit qu'elle « avait l'âme entière aux choses viriles, l'esprit puissant aux grandes affaires, le cœur invincible aux adversités » ; vive, naturelle et charmante comme cette duchesse de Bourgogne qui était la joie de Versailles et la consolation du grand roi, Louise de Bourbon avait encore bien des traits de Marie-Thérèse, de Marie Leczinska, de Marie-Josèphe de Saxe ; par sa piété, elle rappelait mesdames Clotilde et Louise, et son dévouement à un frère royal faisait souvenir de madame Élisabeth.

Hélas ! une seule journée a suffi à la mort pour briser, dans leur fleur, tant de vertus, de charmes, de courage, de tendresse ! Voilà déjà huit années que la dépouille de Louise-Marie-Thérèse de Bourbon, duchesse de Parme, repose auprès des restes de son aïeul Charles X, du duc et de la duchesse d'Angoulême, dans l'église des Franciscains de Goritz. *Heu pietas! heu prisca fides!... manibus date lilia plenis...* Nous tous, qui avons la religion des ancêtres et la piété des souvenirs, semons à pleines mains les lys sur la tombe de la fille de France, les lys emblêmes de sa douce et pure mémoire! Méditons sa vie, souvenons-nous de ses exemples. Apprenons d'elle à supporter avec vaillance et allégresse le poids de toutes les déceptions, à lutter jusqu'au dernier jour contre la fortune adverse, sous la garde de la foi, de l'espérance et de l'amour, confiants dans les destinées de la France et dans les promesses de Dieu !

TABLE DES MATIÈRES

1662. — ABBEVILLE. IMPRIMERIE BRIEZ, C. PAILLART ET RETAUX.

www.ingramcontent.com/pod-product-compliance
Ingram Content Group UK Ltd.
Pitfield, Milton Keynes, MK11 3LW, UK
UKHW020342250726
13967UKWH00005B/2068

9 782012 975194